JN320418

かへいくん

Kahei Ebisumoto
戎本 嘉平

文芸社

本文イラスト　戎本嘉平

かへいくん　もくじ

たいかぶり

私が、その後の人生で私の生き方に大きく影響を及ぼすような出来事に出合ったのは小学校の二年生の授業時間だった。

授業前の休み時間に、うんこをしたくなったのに、できなかったのだ。誰かに〝うんこをする〟ということを知られたくない。恥ずかしい。おかしなことだが、そんな思いが強くあった。

小学校、中学校、高校と十二年間、学校でうんこをしたことは一度もない。中学校の修学旅行では四日間の旅の間、ずっとうんこするのを我慢し続け、記念写真にはどれも便意に耐えて苦渋に満ちた顔で写っているという具合だ。

授業が終わったら、学校の近くの自宅に帰って誰にも知られずに、うんこをしようと思っていた。それが間違いだった。

授業が始まってまもなく、強烈な便意に襲われた。一度は耐えることができても、二度三度と周期的に便意が襲ってきた。冷や汗が出る。

生まれて初めて、本気で神仏にすがった。助けてください。もし、この窮地を脱することができれば私は神様を信じます。しかし奇跡は起こらなかった。日頃信仰のないものが、困った時だけ神仏を頼ることが間違っている。

ついに四度目に私のお尻は爆発してしまった。

私の斜め後ろに座っていた私の初恋の相手、ゆう子ちゃんに、「先生、かへい君が」と言われた。あとは言わなくても臭いでわかった。

私の幸せな人生はこれで終わった。まだ小学校二年生なのに本当にそう思った。

私は泣き泣き先生に保健室に連れて行かれ、ほかにもこんな事件が時々あるのか、手馴れた手つきできれいにしてもらい、用意されていたパンツやズボンをはかされた。

それから私は「たいかぶり」（田舎ではおもらしすることを、方言でこういう）というニックネームをもらい、その十字架を小学校の六年生まで、五年間近くも背負っていくことになった。

「かへいや授業中にうんこばたいかぶったと」（訳・「かへいは授業中にうんこをもらしたよ」）。いつもそう誰かに後ろ指を指されているような気がした。そんなことばかり考えていた。それは暗く苦しい毎日だった。長いあいだ小さな心は悩み通した。当然学校の成績も悪かった。

だが、大抵の悩みはそうしたものかもしれない。当人には死ぬほどの苦しみでも第三者には取るに足りない笑い事、いや、記憶にさえ残らないことかもしれない。

ちゃんと休み時間にうんこをしておけば、何事もなかったのだ。また、授業が始まってからも、先生にうんこしたいと言えば、最悪の事態を防げた。そうすれ

嘉平・幼き頃

ば、五年間も悩まずに、心も傷付けずに済んだのだ。明るい小学校生活が開けていたのかもしれない。人生の岐路、選択肢はそこここにある。

勇気を持って意思表示すること。これは人生においてとても大切だ。意思表示できなければこのような失敗はするし、大げさに言えば、自分の意思とは違った方向に生きていくことになるかもしれない。

時の経過と共にやっとこの悩みから解放されそうになった、小学校の卒業間近の卒業生と先生の茶話会の日。小学校二年生のときの担任だった大谷先生にこう言われた。

「かへいや授業中にうんこばたいかぶったっぞ、おぼえちょっか」(「かへいは授業中にうんこを漏らしたね。覚えているかい?」)

先生には遠い思い出でも、私にとってはまだ現実の悩みの種だった。悩みが再びふりだしに戻ったのは言うまでもない。

そんなふうに私のおかしな人生は始まった。

血便

小学校時代、検便という〝行事〟があった。腸に寄生虫がいないかどうか確認するため、便を取ってマッチ箱に詰め、学校に提出すると保健所で検査してくれた。最近はお尻にシールをはり、はがしてそれに付着したもので検査するそうである。

この〝行事〟の実施が先生から皆に知らされると、皆は声をそろえて、「えーっ」と大きな声を上げたものだ。決してうれしくて声を上げた訳ではない。マッチ箱に自分のうんこを入れてくるという、検便の作業がいやだったのである。

さて、その検便の提出日のこと。私はものぐさで、宿題でも何でもぎりぎりになるまでやらなかった。一夜漬けで間に合わない大量の夏休みの宿題などは、いつも見るに見かねて父や兄、妹が手伝ってくれていた。検便についても例外ではなかった。

家族の全員が楽しく、出勤や登校前の朝食をとっているときに、私は一人、何とか検便のうんこをひねり出そうと、トイレでウンウン唸っていた。うんことというものは、そうそう自分の思い通りに出るものではない。

それでも汗水たらして努力の末、やっと少しだけひねり出した便を見て私は死ぬほど驚いた。なんと、便に真っ赤な血がついていたのである。なにか生死にかかわる重大な病気にかかったと、私はパニックになった。

私はその便を新聞紙（検便の際はまず新聞紙に便を落とし、そこからマッチ棒で適量とってマッチ箱にいれる）の上にのせたまま、茶の間で朝食をとっている皆のところへ走っていった。

「父ちゃーん、血の、血のうんこについちょいとおー……」（「父ちゃん、血がうんこについているよー」）

そう叫びながら、朝食をしている皆の前でうんこを広げる私。皆は食事の手を止めて、新聞紙の上の私の血のついた小さな色の悪いうんこをしっかり見た。一瞬の沈黙と皆の現状把握に努めようとする不思議な顔、それがすぐに恐ろしい顔に変わった。

「ばかっ、鼻とおんなひで、しびたも細か血管の集まっちょいとこやてんか、硬かうんこばせれば血管がきれっかいに血のつっこっもあいとた。食卓にうんこば広ぐいばかんどこにおいとか」（「馬鹿、鼻と同じでお尻も毛細血管が集まっているところだから硬いうんこをすると、血管が切れてうんこに血がつくこともある。皆が食事をしている所でうんこをひろげるとは何事か」）。

私は父に厳しくしかられた。

父にしかられて、何かしらほっとした。病気ではなかったのか。こういうときの父親のしかりは心強い。何でも知っている父を尊敬すらしてしまう。動揺して

父・戎本悟

いた心は落ち着いた。しかし、それから長いあいだ、家族の誰にも口を利いてもらえなかった。

どんなときでも自分を失わず、心穏やかに考え行動しよう。あわてると何も良いことはない。失敗することの方が多いのだ。そう、ここぞというときには、大きく深呼吸をしよう。それから努めてゆっくり考えて、行動を起こしても決して遅すぎることはない。

検便

検便の提出日。同じクラスの真佐徳君こと、〝マーさん〟はなんと徳用マッチ箱三箱に山盛りいっぱい持ってきた。彼は一回分まるまる持ってくるものと勘違いしたのである。

こういう生徒はたまにいる。科学の時間のカエルの解剖で、皆は小さなトノサマガエルやアマガエルを持ってくるのに一人だけ大きなウシガエルを捕まえてきて、その時間だけクラスの英雄になったりするのだが、このときはそうはならなかった。教室中臭くて、皆の非難を浴びた。

しかしどうやって、マッチ箱に一回分すべて、うまく納めたのか。私は頭の中でいろいろ想像し、あまりにおかしかったので大笑いをし、自尊心を傷つけられたマーさんと取っ組み合いのけんかになった。

さて、提出日から数日して、他人を大笑いした私も保健室に呼び出された。保健室には保健所の人が来ていた。

「あなたの便からたくさんの雑菌が検出されており、発病はしていないものの、保菌者と考えられます。再検査をします……」

検査のためにガラス棒をお尻につっこまれそうになった私は、血の付いたうんこを提出することができず、当時家で飼っていた犬・ガバチョ（ＮＨＫの人形劇、『ひょっこりひょうたん島』のキャラクターから名付けた）の糞を提出したいきさつを、提出日の朝の家族の食事の話から全部説明しなければならなかった。

そのとき、同じクラスで学級委員をしていた女の子が、私と同じように保健室に呼ばれていた。先生にしかられて、しくしく泣いていた。

なんと、彼女の便からは酵母菌が見つかったとか。彼女はお味噌汁にいれる味噌をマッチ箱に詰めて提出したということだった。確かに色合いや質感、感触は似ているがそんな嘘はすぐにばれるだろうと思った。しかし私は、他人にそんなことを言えた義理ではなかった。

運命とは不思議なものだ。事件から十数年後、この女の子は私の兄嫁となった。仲人がお見合いの話を、この女の子に持って行ったとき、「嘉平君のお兄さんなら……」と承知したそうだ（なんで嘉平君のお兄さんなら……なのだろう。今でも分からない疑問だ）。

また、マーさんとはこの事件のあと、親友になった。二人とはこのあと、長い付き合いをすることになったのだ。

重ねて言うが「うん」とは不思議なものである。

屁は燃えるか

中学校の科学の時間のことである。その日は水を水素と酸素に分解して水素を試験管の中で燃やす実験をしていた。水が水素と酸素の化合物であることを確かめる実験だった。

実験が終わったあと、私は次のような質問をした。

「先生、屁やガスちゅうばってん、燃ゆっとかな」（「先生、屁はガスというけど燃えるんでしょうか？」）

「なんの、人間の体からずっとやもんの、火の付いたら危なかもん、燃えんやろたい」（「そんなことはない。人間の体から出るものだ。火がついたら危ないよ。

燃えないよ」)

しかし、そのとき私には、あるひらめきがあった。

その日の夜、風呂に入ったときのことである。

お湯の中で屁をした。それをお湯の中で平たく浮かべたタオルで受けて、ひっくり返したコップの中に絞り集めて、一〇〇パーセント純度の屁をためた。これは科学の時間に学んだ〝水上置換〟という方法である。このコップを水上すれすれのところまでひっくり返したままもってきて、コップの口を水中から少しだけあけて、火をつけたマッチ棒をコップの中に差し込んだ。

するとどうだ。ポッと音がしてオレンジ色の火が出て小爆発がおこった。あとには何やら、香ばしい匂いが残ったではないか。

私はノーベル賞にも匹敵する大変な発見をしたような気がして興奮した。

次の日、早速先生に詳しく報告した。

「先生、屁や爆発すいとばい」(「先生、屁は火をつけたら爆発しました」)

「信じられん、そいが、ほんなこっならすごか発見にないかもしれん。おいもやってみーけんが」（「信じられない。本当なら大変な発見だ。私もやってみよう」）

先生は私の報告を聞いて、自分もやってみると言ったのだ。

また次の日。私は先生の実験の話を楽しみに職員室へ行った。

「先生、どがんやったかな。爆発したろがな」（「先生、どうでした？　爆発したでしょう？」）

すると先生はこう答えた。

「しびたば火傷したばい。痛かっち」（「お尻を火傷した。痛い痛い」）

よく見ると先生は椅子にひどく浅く座っている。いったい先生はどうやって実験したのだろう。どうすればお尻を火傷するのか。

私は具体的に先生の実験する姿を想像してみた。マッチの火を直接お尻へ……？　しかし、科学の教師ともあろう人が水上置換という基本的なこともやらなかったのだろうか。

何事も基本は大切なのである。基本をふまえないと技は上達しないし、下手をすると怪我をする。もしこの拙い文を読んで、実験しようと思われたならお風呂で水上置換を必ずやってください。

また電気を消して暗くして行うと、燃焼したときの美しい炎の色もはっきり確認できます。この炎の色は食べた食材によって変わります。電気を点けたままで実験すると爆発のポッという音と煙および、匂いだけしか確認できませんので、念のため。

じっちの幽霊

私は幽霊に出会ったことがある。この話をすると、おかしな奴だと思われそうなので嫌なのだが、本当のことなのだ。

忘れもしない。あれはじっち（祖父）が亡くなってすぐのことだった。その頃、じっちとばっぱ（祖母）は、私たちが住んでいる家から二〇メートルくらい離れた小さな家に住んでいた。そこを私たちは「隠居」とよんでいた。じっちとばっぱは、私たちの住んでいる家にやってきて、食事と風呂だけを共にし、寝泊りは隠居でしていた。

じっちが九十歳で大往生するとばっぱは一人になった。ばっぱが一人暮らしになるのは心配なので、父は私たちと一緒に住むように、ばっぱに話をしたが、ばっぱは、年寄りの友達がたくさん遊びにくるし、家は旅館をしていたので気を遣うから一人で住むと言い張った。

そこで、子供の私たち五人のうち、誰か一人が隠居でばっぱと寝起きを共にすることになった。

なんでもやってみたい私が、自分から希望して隠居へ行くことになったのだが、行ってみて一つ不思議なことに気がついた。それは、じっちが亡くなって三カ月以上は過ぎているのに、柱時計が動いていたことだった。この時計は月巻きで、一カ月に一度はねじを巻かないと止まってしまう。じっちは背の高い人だったがばっぱはとても小さな上に腰が曲がっていたから、踏み台に上がってもねじは巻けなかった。

「時計んねじやだが巻きにくいとかな」(「時計のねじは誰が巻いているの?」)

「じっちたぁ、ほかにだいが巻きにくいとかよ」(「祖父が巻いている。ほかに誰もねじを巻くはずがない」）

亡くなったじっちが、時計のねじなんか巻きに来る訳がない。ばっぱがぼけたかなと思ったが、そのときはそれ以上追及しなかった。

ところが、私が隠居で寝泊りするようになって、一週間が過ぎた真夜中のことである。私はカリカリ、カリカリという、時計のねじを巻く音で目が覚めた。寝泊りしていた部屋の隣の部屋に柱時計はあったが、障子の戸で区切られた部屋なので真っ暗で電気もついていないのがわかった。ばっぱの言葉を思い出した。じっちが時計のぜんまいを巻いているのだ。

まったく自分の知らない世界を垣間見たようで恐ろしくなり、ねじを巻く音が聞こえなくなってからも、布団をかぶって息を殺してじっとしていた。

ようやくあたりが明るくなってから飛び起きて、二〇メートルと離れていない実家へ、はだしで走っていった。

「出たっ、じっちん幽霊のでたっぱな」（「出た、祖父の幽霊が出ましたよ」）

私は興奮しながら、昨夜の一部始終を父母や兄弟に話して聞かせた。

ところが、誰もこの話を信じてくれなかったのである。

「またかへがなんばいえっちょいとかよ」（「またかへいが馬鹿なことを言ってるよ」）

よく考えてみると、ほんの一カ月前の四月一日エープリル・フール、私は時計にいたずらをして、まんまと家族全員をだましていた。家中の時計、柱時計から腕時計、目覚まし時計まで、全部一時間進めておいたのだ。父は職場へ、兄弟は皆一時間早くまだ誰も来ていない学校へと出かけた。そんなことがあったばかりだった。

ほかにもいろいろいたずらを仕掛けていたので、信じてもらえなくても当然だった。狼少年の気持ちが、このときよく理解できた。

私は再び隠居に戻ると、柱時計を見た。時計の文字盤の下半分に直径一センチメートルほどの小さな円い窓があって、ねじがきれてくると、ここに赤いマークが出るようになっている。確かに少し前に赤いマークが出ていたが、今は白に変わっていた。

以来、この窓に赤いしるしが少しでも出始めると、私はりんご箱の上に踏台を乗せその上に乗ってねじをいっぱいに巻いた。

それからじっちの幽霊は出なくなった。不思議な体験だった。

ちなみに、私の「かへい」という名前は、このじっちの名前をそのままもらったものだ。

ばっぱの親孝行

父には五人の兄弟がいた。父以外の兄弟は長崎や大阪、静岡と、生まれ故郷の五島を離れ遠くで暮らしていた。

音信はなく、帰ってくることもほとんどなかった。ただ、私が小さい頃は、年に一度お歳暮が送られてきた。それは、長崎の九十九島せんぺいや文明堂のカステラだったり、大阪の岩おこし、静岡のお茶、ときには衣服であったこともあった。

贈り物が届いたとき、ばっぱは本当に喜んでいた。

「親孝行もんじゃ」

何度もそう口にしていた。

しかし、私の父に嫁ぎ、ばっぱのいちばん身近にいて面倒を見続けた母には、ひとことの感謝の言葉もなく冷たかった。

ばっぱはじっちと年齢差が十八歳あった。じっちが六十八歳で隠居したとき、ばっぱはまだ五十歳だった。母はばっぱが九十三歳で亡くなるまで、食事から病気の世話まで、当然のことのように面倒を見ていた。

小さいながら私は、親孝行とはなんなんだろうと、考えた。ひょっとすると、親のそばに住むことではないか。ばっぱはあまりにも身近すぎて母が見えなかったのだろうか。

童話『青い鳥』のチルチルとミチルは、幸せの青い鳥を探して冒険をする。しかし見つからずに家に帰ったとき、自分の枕元で青い鳥を発見するのだ。

母の親孝行にばっぱが気付いたとき、ばっぱも母も幸せになれたのに、と思う。親でなくとも、一番身近な人に感謝しよう。そして大切にしよう。それが毎日

母・戎本キク

の幸せの第一歩だから。

そう書いている私も今、親元を遠く離れ、親不孝をしている。

父の日、母の日と年の暮れに、わずかばかりの贈り物をするが、やっぱり昔のぱっぱと同じように父母はとても喜んでくれる。親というものはどこまでもありがたいものだと、つくづく思う。

幸い妹が五島に嫁いでくれて、父母の近くに住んでいてくれる。兄弟で妹が一番の親孝行だ。妹と妹の夫に深く感謝している。

亀の話　1

高校二年生の授業時間に、その事件の発端があった。親友のマーさんが先生にぶたれたのである。理由は、学生服の下に着ている赤いカッターシャツが学生らしくない、とのことだった。この先生は暴力教師で皆に恐れられていた。

「なんやっ、そんな赤かシャツや、学生や白かカッターシャツば着らんねばた。こっちこんかい」(「その赤いシャツはどういうことだ。学生は白いカッターシャツを着ないといけない。こっちへ来い」)

廊下に引っ張り出されるマーさん。

廊下からバシッ、バシッと往復ビンタの音がした。しばらくしてマーさんは顔を真っ赤にして教室へ入ってきた。鼻血を出していた。

「ちきしょう、仕返しばせんねば……」（「畜生、仕返しをしないと気がおさまらない」）

マーさんがつぶやいた。当時は、先生を学校の便所裏へ呼び出して殴る蹴るの乱暴を働く生徒もいた。しかし私はそんなことは性格上、また自分のポリシーとしてもできなかった。そこで私は非暴力的方法で、親友のあだ討ちをかんがえた。

その頃、先生は学校の中庭の池に亀を飼い、ミミズを餌にし、毎日その生態を研究し観察を続けていた。

私はすぐにあることを思いついた。

私たち二人は次の日曜日、村の山の上の池に亀を捕まえに行った。弁当持参で一日がかりでたくさんの亀を捕まえた。

次の日から復讐が始まった。先生の飼っている亀を、少しずつ大きな亀に取り替えていくのである。

津田真佐徳くん

少し大きな亀に取り替えた一日目、先生はその亀を一目見るなり、少し首をかしげ、しばらくじっと見つめた。そしてすぐに道具室に引き返して秤を持ってきて重さを量った。亀を何度もひっくり返したりしながら不思議そうに首をかしげ、最後は亀の目をじっと見ていた。亀も先生の顔をじっと見ている。

その様子があまりにもおかしかった。マーさんと私は、池の脇の校舎の二階の窓からその様子を隠れて見ながらお腹を抱え、声を殺して笑った。

次の日、また一回り大きな亀に取り替えた。

先生はまた大きくなった亀を手に取って、前から横から下から上からとあらゆる方向からみて一生懸命ノートにメモを取った。写真にまで写した。

そんな毎日の繰り返しで、二週間で五倍くらいの大きな亀になっていた。

その日は、いつも放課後に大急ぎで亀を見に来る先生がなかなか現れなかった。例のごとく、校舎の二階で待っている私たちのところへ、先生が大きな足音をさせながら階段を上がってきた。腕組みをして顔を真っ赤にし、鬼のような形相で僕たちの前に立った。

また、殴られるかなと思った瞬間だった。

「ハ、ハッ、ハッ、アーハッハッ」

と先生が大笑いを始めたのだ。私とマーさんも顔を見合わせて笑い始めた。立ってられなくなって三人で廊下に座り込んで、息が止まり苦しくなるほど大笑いした。涙が出た。こんなにおかしかったのは生まれて初めてだった。

思いきり笑ったあと、不思議と先生と私たちの心の壁がなくなった。いつも一段高いところにいた先生は、同じ場所に立っていた。それから先生の家へ遊びに行くほど先生と親しくなった。先生も授業で体罰をしなくなった。

「笑い」ってすばらしい。近年では病気の治癒力もあるという研究結果が出ている。暗さや厳しさを吹き飛ばす何かを持っている。また笑いは形だけでもよいそうな。悲しいときつらいときは声を出して笑ってみよう。何かが変わる。

亀の話　2

小さい頃、よく山や畑で遊んだ。それは、チャンバラごっこをしたり、おもちゃの拳銃で撃ち合いをしたり、木の上に隠れ家を作ったりした帰り道での出来事だった。

「～助けた亀に連れられて竜宮城に来てみればぁ～」と大声で歌いながら一緒に遊んだ連中と木の棒の刀を振り回し、道の脇の草を叩き切って畑の間の農道を下っていた。すると、近くで農作業をしていたおじさんとおばさんが鎌と鍬を持って追いかけてきた。

「こらーっ、待たんか、こんちきしょどんがー」

すごい剣幕である。

びっくりして逃げた。何も悪いことをした覚えが無かった。家まで逃げ帰って父にそのことを話すと父はこう言った。

「あひこんねん父ちゃんや〝太助〟、母ちゃんや〝カメ〟ちゅう名前やけんが、うんどんにからかわれたっちおもたっちゃろだい」（「あの家の夫婦は夫が〝太助〟、妻が〝カメ〟という名前なので、おまえたちにからかわれたと思ったのだろう」）

昔、医学がまだ進んでいなかった頃、病気で亡くなる人が多く、そして動物は病気をしないと思われていた。そこでその元気にあやかって、丈夫に長生きするようにと、子供に動物の名前を付けることが多かったそうな。

初級公務員

小学校、中学校、高校と自分の生涯の仕事について真剣に考えたことはなかった。何も考えていなかった。仲間とフォークソングを歌って、バイクに乗って遊んでばかりいた。なんとかなると漠然と考えていた。社会に対する認識が甘かったのだ。

そんな私にも高校三年生の夏休みがやってきた。同級生の動きを見て、また先生や両親からどうするのか聞かれて、初めて真剣に将来を考えた。

私は、自分でも何の仕事をしたいのか、何が得意なのか何が苦手なのか嫌いなのか、自分自身でさえつかめていなかった。ただ、勉強は嫌いだった。卒業すれば勉強はしなくてもよい。そんなことしか頭になかった。本当に世間知らずだった。

今となっては、小さい頃から自分の目標を見つけて努力している人は、本当にすばらしいと思う。

そんな時、十月に国家公務員の採用試験があると聞いた。私は「これだ！」と思った。国の役に立つ仕事なのだ。担任の先生に話をすると、意外そうな顔をされた。そして、

「合格しない。無理。落ちたらどうするのか、滑り止めも考えておくこと」

そう言われた。先生は私に前年度の初級公務員試験問題から出題をした。まったく答えられなかった。

考えてみれば学生時代、私はほとんど勉強しなかった。クラスの実力テストでは四十八人中四十七番目という成績を残したこともある。実力テストなんだから勉強しないで受けて実力を試そう……なんて馬鹿なことをした結果だった。英語

の期末テストで赤点を取り、追試を受けてなんとか進級したこともある。卒業が危ぶまれるくらいだったのだ。

私はいろいろ考えた末、実務教育出版という会社の「初級公務員通信講座」を受けることにした。母親に相談してお金をもらった。家は貧乏だったが、勉強の教材費と言えば、出してくれた。

教材が送られてきて、試験科目が一般教養のほかに、適性検査や作文があることも初めて知った。

その教材だけを使って必死に勉強した。おそらく積極的に自ら勉強したのは初めてだったと思う。とにかく、その教材だけは夏休みの間に十数回は読み返し、真っ黒になるまで線を引き全部丸暗記した。ここから出題されなければ合格はない。競争率は二十数倍という難関だったと思う。

十月、夜行列車に乗り、五島の田舎から大阪の試験会場に行き、試験を受けた。優秀な成績ではなかった。しかし勉強した部分のみで及第点までは取れたのか、その年の暮れに一次試験の合格通知が届いた。二次の面接試験も合格した。

なぜ試験に合格できたのか。

私は五人兄弟だった。その中でも私がいちばん学校の成績が悪かった。しかし、兄弟全員が通信簿をもらって帰ったときも、赤点をとって追試を受けたときも、またこの公務員の初級試験を受けるときも、折にふれて母はこう言ってくれた。

「かへいや本当や頭ん良かとよ」（「かへいは本当は頭が良いんだよ」）

根拠は何もない。親ばかなのかもしれない。しかし、小さい頃からいつもそう言われて、私は「自分はいつもばかなことばかりしているし、学校の成績は兄弟で一番悪いが、本当は頭が良いんだ」と心の底で信じていた。

勉強する、試験を受ける、何事かをやり遂げる。これには、覚えられる、合格する、必ずやれるという自信がまず最初に大切なのだ。そう信じることで、自分の未知の力を引き出せるのだ。人間の能力なんて、そんなに個人差はないと思う。すばらしい母親の魔法の言葉だった。

母のこの言葉を受け継いで、私の兄弟は子育てがうまい。兄の子は京都教育大学、京都市役所、姉の子は大阪大学、鹿児島大学、長崎県庁、妹の子は静岡大学と結構難易度の高い大学や職場に合格している。子供はほめて育てよう。

幸福論

私は走るのが遅かった。そのため運動会がとても嫌いだった。小学校の一年生から六年生まで、かけっこではずっと一番ビリだったのを覚えている。運動会の日程が知らされた一カ月前から、毎日自分がビリで走っている様子を想像して、毎日暗い気持ちになっていた。

そんな私に転機が訪れた。新聞配達を始めたのである。

村から一軒ぽつんと離れた真珠会社へは新聞が配達されていなかった。真珠会社を作るにあたって、会社の人達が、家の旅館に長期に宿泊していた関係で、私が一日一〇円一カ月三〇〇〇円でその会社まで新聞を配達することになった。毎日運動着に着替えて往復三キロメートルを走って配達した。日刊新聞なので配達は一日も休めない。

そうして一年が過ぎた頃、体育の時間に三キロメートルのマラソンがあった。いつもビリだった私がそのときに三位にはいったのだ。うれしかった。それから配達に力が入った。毎日全力で走り、毎日タイムを計った。どんどんタイムは短縮された。

中学校に入学して最初の冬、全校マラソン大会があった。この大会で学年では一位、全校生徒二百八十人中でも六位に入った。自信がつくと、短距離も速くなった。中学時代運動会では全部一位、リレーや障害物、長距離と運動会一日で五回、トップのテープを切ったこともある。そして中学校の陸上部の部長に選ばれた。

この新聞配達の経験が自分の生き方の基本になっている。この経験がうんこを漏らして傷ついた心を癒してくれたのだ。何でもよい。何か一つ他人よりは優れたものがあれば、それが自信となって、生きていく力になる。自尊心の源となる。また、どんな小さなことでも成功体験があれば、それからの人生、またの成功を信じていけるのだ。

これが自分の人生観になっていると思う。子供の頃の経験はとても大切だ。子供の頃の過ごし方は、それからの長い人生の生き方を方向付けていくのだから。ものの考え方の基本になるのだから。

さて、先にも書いたとおり私は高校三年生のときに公務員の試験を受けた。公務員の試験には、必ず作文試験がある。私が受験したときは「私の考える幸福」というテーマだった。私はこの運動会と新聞配達、陸上部の話を書いた。そして幸福とは、自分で努力して運命を積極的に切り開いて獲得していくものであると、締めくくった。

私の考える最初の幸福論である。

公務員の試験では、一般教養はぎりぎりの点数だったと思う。この作文で合格したのではないだろうか。

本との出合い

昭和四十七年四月、私は三月に上五島高等学校を卒業し、大阪城東郵便局の局員になっていた。勤めて何をしたのか。私は自分がやりたかったことを思いっきりやろうと決心していた。

一つ目は、クラシックギターを学ぶこと。京橋の新堀ギター音楽院に入学した。学び始めてすぐに先生に言った。「プロになりたい」と。

「プロになるには五歳くらいから英才教育をうけていないといけない。高校を卒業してからギターを始めてプロになることは不可能でしょう」

はっきりした答えだった。夢を失い、三カ月も続かず学校はやめてしまった。

しかしギターは毎日弾いた。

二つ目は、空手の有段者になること。当時ヒットしていたブルース・リーの『燃えよドラゴン』という映画にも影響された。道場を変えたりして時間はかかったが、目標の黒帯は取ることができた。

三つ目が、免許をとってバイクを乗り回すことだった。私は免許を取る前に、本田のCB750という当時としては日本でいちばん排気量の大きいバイクを買った。バイクは郵便局の地下駐車場に保管して、免許を取りにいった。免許の取得後は大阪中はもちろん京都や奈良、滋賀、兵庫、ついには故郷の長崎県の五島列島まで、お尻が痛くなるまでバイクで走り回った。

しかし、なぜだろう。ギターを弾いても、空手をしても、バイクに乗ってどこへ行っても心は満たされなかった。あれほど勉強が嫌で、就職したらやりたいことを精一杯やろうと思っていたのに、である。

その頃、斉藤義憲さんと出会っていた。同じ年度に大阪城東郵便局に採用された人である。立命館大学を卒業しており、大学の匂いをぷんぷんさせていた。遊びながらも悩んでいるような私に一冊の本をプレゼントしてくれた。高野悦子著『二十歳の原点』だった。この本に書かれていることに共感した。感動した。気がつけば心の渇きが癒えていた。それから私も高野さんと同じように日記をつけ始めた。

そんな私を斉藤さんは、高野悦子さんが行ったという「シャンクレール」という喫茶店や、通っていた立命館大学構内に連れて行ってくれた。映画化されたときには、映画にまで連れて行ってくれたのだ。この斉藤さんとの出会いも大きな出会いだった。おかげでその一冊は私の人生で、とても大きな本になった。

本には出合う時期がある。『二十歳の原点』に中学生や高校生の私が出合っても、現在の私が出合っても感動はせず、本の面白さに気づかなかったと思う。

また、私には出合う準備もできていた。というのは小さい頃、父は寝る前に兄弟五人を布団に横一列に並べて、自分が読んだ物語を話して聞かせてくれていた

斉藤義憲さん

のだ。たくさんの本を読み始めて、父が話してくれた物語の出典によく出合うようになった。本を読むことの面白さは、幼い頃に父に教わっていたのだ。

おかげで私の兄弟は五人とも読書好きである。

この本『二十歳の原点』との出合いは、私の読書人生の始まりになった。そして私の精神世界の広がりの始まりだった。

このときから私は、苦しいときや悲しいとき、問題にぶつかったとき、また楽しみのために本屋さんへ行くようになった。いつも何かを読んでいる。そしてそれが、私のその後の人生を豊かにしてくれたと確信している。

初めての恋

昭和四十九年、二十歳になった私は、四条畷郵便局の郵便課に勤務していた。ポストに投函された郵便物を、宛て所別に分けて受け持ちの郵便局へ送り出したり、逆に送られてきた受け持ち区域の郵便物を配達するために、町名ごとに分けて配達の担当者へ渡す仕事だ。

年賀状の季節にはたくさんのアルバイトを雇い入れた。その中に彼女はいた。五島列島の田舎から出てきた私には、大阪の女性はまぶしく美しく誇り高く見えた。

「映画を見に行きませんか」と初めて声をかけた私に、彼女は「いいよ」と返事してくれた。

その頃、リバイバルで上映されていた『ウエストサイド物語』を二人で泣きながら見た。帰り道の、彼女の家の近所の小学校の校庭で、映画の興奮が残っていた私は勇気を出して言った。

「キスしても良い？」

「できないと思う」

「目をつむっていてくれればいいから」

……彼女は目をつむった。ほんの一瞬唇が触れた。その夜から私は眠れなくなった。

高校を卒業するまで、フォークダンス以外では異性の手を握ったこともなかった。憧れた人はいた。しかし、そんな憧れが吹き飛んでしまうくらい、唇を触れたあとの彼女に対する想いは、今まで経験したことがないほど深くなった。

一人暮らしのアパートに彼女は訪ねてくるようになった。二人が結ばれるまで長い時間はかからなかった。彼女の唇から胸に触れるようになった。

そしてついに彼女の大切な部分に初めて手が触れた。

濡れていた。私は驚いてティッシュをとるために体を離そうとした。離れるのがいやだというふうに、彼女の右手が伸びて私の左手を掴んだ。そのとき、すべてを理解した。私は自分のものを彼女の大切な部分にあて、押し入れた。最初少し抵抗があったがそこを抜けると、するっと奥まで入った。

初めての経験だった。温かさ、やわらかさ。

それは生まれて初めて体験した、目くるめくような快感だった。初めて唇を触れ合ったときの想いの深さとは比べようもなく、彼女への想いがさらに深くなった。この思いに比べれば、今までは人に恋したことがなかったといってもよい。学生時代に覚えた百人一首の権中納言敦忠の「逢ひ見ての後のこころにくらぶれば　昔はものを思はざりけり」という歌が初めて理解できたと思った。そしてこの恋は本物だと、永遠だと信じた。

それから彼女は毎日のように、仕事帰りに私のアパートへ来た。そして毎日のようにお互いを求め合い、二年という長い月日があっという間に過ぎた。

どんなにすばらしい恋も終わる。その恋が愛に昇華するには二人は若く幼かった。何回か喧嘩し、何回か別れ、何回かよりを戻したが、いつか会わない時間が長くなった。愛があれば何もいらない。この人がすべてを私に与えてくれる。一〇〇パーセントの幸せがそこにある。そんな想いは長くは続かない。

二人が体を許す関係になったとき、そこから相手の本当の姿が見え始める。そのときに自分に何があるのか。また、本当の姿が見えた相手を愛していけるのか。そこから二人の努力が必要になる。

何かが足りなかった。

私の心は、自分にも相手にも、もっと何かを求めていた。このままでは再び胸が高鳴るような新鮮な生活があるようには思えなかった。そして私は、心が満たされる何かを求めていた。若かった。私は二十二歳に、彼女は二十歳になっていた。

しかし、この恋で、私は多くのことを学んだ。心が甘く苦しい想いにうちふるえる体験もしたが、また、生きていくことの切なさ哀しさも知るようになった。

中等部訓練

郵便局には内部の試験があり、その試験さえ合格すれば昇格や昇給があった。特に中等部という訓練は全寮制で、講師には大学の教授等を招き、一年間法律や経済、英語等を学ばせてくれる、若者にはあこがれの訓練だった。

恋愛が一〇〇パーセントのものでないと感じた私は、この試験に挑戦することで、その心の空白を埋めようとした。

目標を定め努力すること。その目標に近付いていく過程が永遠の幸せでは、満足感ではないのか。自らの能力の、技術の、精神の向上が幸せの、いや、心を満たす確たるものではないのか。

それが私のその時の思いだった。

本との出合いで、人生論や偉人伝、歴史小説等を読みあさり、人生には目的が必要なこと、それが毎日を豊かに意義あるものにしてくれることが身にしみていた。

数学や英語、学生時代は自ら積極的に勉強することなどなかった。授業にもついて行けず、落ちこぼれだった。初級公務員の試験に合格したと、報告に行ったとき、高校三年生のときの担任の先生は大きく目を見開いて「えぇっ!!」と驚きの大声をあげたほどである。

幸い、兄は勉強家で秀才だった。勉強方法を聞くと、分かりやすい参考書を教えてくれた。それは英語の参考書だったが、読んでみて驚いた。

「英語はアルファベット二十六文字で書き表される。日本語が『いろは』四十八文字を使ってかかれるのと同じである。この二十六文字、いわゆる『ＡＢＣ』を一括してアルファベットと呼んでいる……」と、ここから書き始めているのだ。

木村明著の『詳解英文法』という参考書だった。たくさんの読書のおかげで読解力も着いていたと思う。

自分に合ったレベルから始めれば勉強は難しくない。そう思った。それどころか、学生時代に理解できなかった英語や数学の体系、問題、方程式等が理解できたときは、目からうろことというか、鮮烈な快感だった。勉強は嫌なものではない。勉強できることはすばらしいこと、有り難いこと、楽しいことだったのだ。

英語はこの参考書を七回は読んだ。ほかの参考書も貯金をはたいて買った。そして必死に勉強した。

勉強に気持ちが集中できなくなると会わなくなった彼女の家の、彼女の部屋の窓が見える小学校の校庭にいった。そしてそこから長い時間、彼女の部屋の明かりが消えるまで見ていた。

そうして心を落ち着けた。まだ自分の体が彼女を求めて、じっとしていられなかったのだ。体を寄せ合えば、そのときは一時的に心が癒されることは分かっていた。しかしそのあとで、すぐに満たされない気持ちになる。その事にばかり逃げれば目標の達成ができなくなる。もっと意義のある生き方をと真剣に考えた。

そんな暮らしをして一年間、私は中等部の試験に合格した。うれしかった。

陸上競技と初級公務員試験と、そして中等部訓練。私の三度目の小さな成功体験だった。生きていく自信を取り戻した私は、長い間会っていなかった彼女に電話をした。

「もう一度、やり直さないか」

「また同じことの繰り返しになるからやめましょう」

この恋が終わっていることを彼女が教えてくれた。このまま二人が結婚しても、決して幸せにはなれないことを彼女はよく分かっていた。

自信をもってどんどん引っ張っていく力強さのない私は、彼女に見限られていたのだ。いつまでも心の中で、想いを引きずって生きていたのは私だけだった。

私は京都の郵政研修所へ中等部の研修に向かった。

徳永君

二十六歳の私は、中等部訓練を終えて大阪福島郵便局に勤務していた。郵便局の郵便課の窓口で切手や葉書を売ったり、書留郵便物や小包を引き受けたりという仕事をしていた。

そのときに、新しく採用された職員が入ってきた。それが、それから長い付き合いになる、徳永光芳くんだった。

彼は公務員中級職の採用である。ちなみに私は初級職の採用であり、採用後は郵便局で勤務をする。ところが、中級職は一年間の郵便局での現場訓練を経て、郵政局や郵政省で勤務をする。その現場訓練が私の勤務する大阪福島郵便局で行われたのだ。その間に言葉を交わすようになり親しくなっていた。

酒も飲まずタバコも吸わず、ゴルフもマージャンもしない私は職場ではほとんど深い付き合いをする友はできなかったが、初めて友と呼べる人ができた思いだった。

本と同じように、人にも出会う時期がある。

徳永君というすばらしい友に出会う準備が、私のそれまでの半生で培われていたと思う。

「戎本さん、郵政局や郵政省で働いて見るべきですよ。仕事をもっと高いところから見て、現場の仕事だけでなく、郵政局や郵政省で経営や企画の仕事をやってみることも面白い。男子の本懐ですよ」

正直私は中等部訓練を受け、郵便局の中堅職員として働くことで満足していた。

郵政部内には転用試験というのがあり、これに合格すると、郵政局や郵政省で勤務する。そして四十歳になると、その郵政局や郵政省から郵便局の課長（管理者）として赴任する。中等部訓練よりさらに難しい試験で、合格する自信はなかった。自分の力は中等部訓練まで、と自分で定めてしまっていた。人の能力の限界は、その人自身が定めてしまうものかもしれない。

徳永君は努力家、勉強家だった。何より将来の展望を持っていた。さらに先見の明があった。彼は郵便局に勤めながら、京都コンピュータ学院に通っていた。昭和五十六年ごろである。まだ現在のように一般家庭までパソコンは普及していなかった。

「これからは、コンピュータの時代ですよ。シャープがＢＡＳＩＣという言語を組める電卓を発売しました。知っていますか」

「コンピュータってなに？　なにができるの？」

そんなやり取りをしたことを覚えている。

徳永くんのすすめで私はシャープのポケットコンピュータ「ＰＣ１２１１」を買った。理解するには手に入れるのがいちばん早い。

早速本で読んだＢＡＳＩＣという言語で、私は自分が担当していた郵便窓口の仕事、外国郵便物の料金算出プログラムや切手の補充プログラムを作った。郵便局の窓口で販売するために用意する切手の枚数は決まっており、一週間に一度決まった曜日に、種類ごとに売れた枚数だけ補充する。そのときは一時間の超過勤務をもらい、その作業をするが、ＢＡＳＩＣで組んだポケットコンピュータを使うと五分でできた。確かにこれからはコンピュータの時代だと、肌で感じた。

そのときに気づいたことがもう一つあった。仕事のやり方などを工夫して積極的に仕事に取り組めば、とても楽しくなるということである。私は郵便局の窓口に自分のポケットコンピュータを置き、自分だけのオフィスオートメーションをした。楽しかった。

徳永君の言葉や行動が自分のすべてになった。何もかも、その人を見習える人生の目標となる友を見つけられることは、人生最高の幸せだと思う。

僕は転用試験を受けようと決心した。

徳永光芳くん

中等部訓練を目指した毎日が再び始まり、仕事を終えたあとは徳永君と一緒に図書館や喫茶店で勉強した。半年もひたすら勉強した。そして転用試験も合格することができた。四度目の成功体験だった。

どんな小さなことでもよい、この成功体験を思って努力を続けることが成功への道だ。私は郵政局で働くことができた。

人生にはいくつも岐路がある。それを左右するのは出会う人からの影響が大きい。徳永君との出会いがなければ郵政局で働くことも、郵便局の管理者になることもなかった。

徳永君は郵政省（現・郵政公社本社）へ行った。彼は自分の計画通り郵便局の簡易保険のコンピュータシステム作りにかかわる重要な仕事をしている。

そんな忙しい中にあっても、時々連絡をくれる。「何かお手伝いしましょうか」と。幾度仕事で助けられたかしれない。私の本当の友であるとともに、心の支えである。心から感謝している。

目標を決め、目標に向かって努力し達成する。それはどんな小さなことでもすばらしいことだ。そして人は目標を持つべきだと思う。人生は結果でなく、過程であるのだから。一〇〇パーセントの達成ができなくとも、過程を楽しむことで生きている時間が輝くのだから。そして貴方が今そこにいるのは今まで目標として来たからなのだから。

目標を失えば、もうどこにも行き着かないのだから。

妻との出会い

昭和五十七年、私は近畿郵政局貯金部の調査課で仕事をしていた。転用試験に合格すれば、郵政局ではまずこの部署で仕事をする決まりだった。調査課で仕事をしながら、総務や郵便や保険や貯金部の定員が空くのを待つのである。そのあいだに適性も見て、各部署に配属されるという訳である。

貯金の調査課では郵便局で作られた書類の検査をした。そこでは郵便局で取り扱われた書類がすべて送られてきており、各府県ごとに係が決められて、調査が行われていた。職員だけでは足りなくて、非常勤（アルバイト）の人が雇われてきていた。その中に妻になる智子（智ちゃんと呼んでいる）の母がいた。

義母・奥谷玉枝

世間話をするうちに、二十五歳になる娘がいる、一度会ってみないかということになった。土曜日に曽根崎警察署の前で初めて彼女に会った。とても可愛らしい人で、僕は一目で恋に落ちた。出会ってから毎日電話した。毎週デートを重ね、純真で人を愛するやさしい女性であることが分かった。出会いから六カ月で結婚した。昭和五十九年だった。

それから二十二年、あっという間だったが、喧嘩をした覚えがないくらい仲が良い。その理由は、彼女が人を愛することができる人であり、また愛を受け入れてくれる人であること。もう一つは仲良くする方法を実践しているからだった。

こんなことをしている。

毎日出勤前と帰宅時には妻をしっかり抱きしめてキスをする。毎日、「智ちゃんより愛らしい人は世界中どこをまわってもいないよ」と声に出して言う。毎日「智ちゃんが世界で一番大切だよ」と言う。妻が車に乗るときは必ずドアの開け閉めをする。買い物に行くときは荷物を持たせないで自分が全部持つ。携帯でメールを打つときは、〝愛しい愛しい智ちゃんへ〟と宛名に相手を想う言葉をつける。

なんだ、そんなことかと思うかもしれない。

これを二十二年間一日も欠かさずにやってきた。

それが大切だ。日本の伝統文化、茶道も、また柔道や空手の武道も型から入る。精神も技もあとからついてくるのだ。大切なのは行動と言葉なのだ。これは失恋から学んだ大きな収穫だった。

大切にする行動をとる、愛しているということを言葉に出す。これを毎日繰り返す。そこにあとから心がついてくる。妻もそれに応えてくれる。そして本当に愛しく思えてくる。

先輩にこの話をしたことがある。先輩は私の話にいたく感動してくれた。そして家に帰り、奥さんに早速真剣に「心から君を愛している。子供の世話も美味しい料理も、明るい家庭もあなたのおかげだ、深く感謝しているよ」と言ったそうだ。そのときに彼の妻はどう応えてくれたか。

「あんた熱あんのん違うの？」

愛を受け入れてくれる人は、このときに、

「私もあなたを愛しています。毎日家族のために大変なお仕事本当にご苦労様です」

と言える人なのだ。双方の努力が、行動が必要である。

今日からやってみよう。言葉や行動はストレートに相手の心の奥に届くのだ。言葉や行動はいくら使ってもお金はかからない。そして言葉や行動より尊いもの、大切なもの、人の心を打つものはないのだ。

言葉は意志を伝えるだけのものではない。相手を幸せにも、不幸にも、笑わせることも、泣かせることもできるものなのだ。

私は今、妻のために命を失っても悔いはない。それほど愛している。

妻・智子

神戸のママ

自伝を書いていて気づいたことがある。

人生とは人との出会いではないのか。

徳永くんと出会い、それがきっかけで郵政局へ行った。そこで妻の母と出会った。そうして運命の糸を手繰り寄せるように、妻に出会うことになる。

結婚したら妻の両親が妻と一緒に私のところへきてくれたので、一人暮らしから四人暮らしになった。そして妻の母を通じて叔母さん、「神戸のママ」に出会った。

妻の両親はすでに亡くなって、私の両親も五島列島と遠い。今は神戸の叔母さん（ママと呼んでいる）の家を、私たち二人の実家と同じようにさせていただいている。妻の智ちゃんは、この実家に帰ると冷蔵庫の食品まで持ち帰るくらいである。

さて、神戸のママ。私が自伝を書くとすれば、必ず書かなければならない恩人だ。

きれいに歳を重ねると人は、包容力と優しさを身につけると思う。特に苦労を重ねてきた人ほど、そばにいるだけで心が安らぐ雰囲気を身につけている。ママがそうだ。

困ったとき、悩んだときは必ず相談に行った。いつも無理を言うのに、一度も断られたことがない。

初めて郵便局の管理者になったとき、営業成績が悪くて、ママにはたくさんの保険や年金に加入していただいた。年賀状からお歳暮の百貨店ゆうパック、ぐるメール、純米だよりと郵便局の商品はすべて利用していただいた。

神戸のママ・加藤美代子

私の体調が不良なときには、ビタミン剤や胃薬等までいただいた。ここに書けないようなことでもたくさん助けていただいている。

それでいて、私たちに何かを要求することは一度もなかった。

「五島のお父さん、お母さんを大事にしているの?」

「親孝行しなさい。生きているうちですよ」

と顔を合わすたびに言われる。

自分のことより人のことを先に思いやる心優しい人だ。

国が貧しい時代に、兄弟の学費や生活を一人で支え、三人の養子と一人の娘を育てた。

誰にも知られない哀しさや苦しさはあったはずだ。しかしそんなことはひとことも口にしない。

若い頃はその若さの輝きゆえに誰もが美しいと思う。

しかし年老いて美しい人は少ない。

その人のそれまでの生き方、教養、なにより精神的な姿勢の高さによって美しくも醜くもなるのだ。そんな美しさをママは持っている。

ママは敬虔なクリスチャンであるが、私にはママ自身が神様のように思える。

いつか、千分の一でもお返しできればと思っている。

海くん　遊ちゃん

海遊館の創業の頃の話なので二十年以上前になる。休日、遊びに出かけるニュートラムの中で妻の智ちゃんから海遊館のジンベエザメの名前募集の話を聞いた。

「ね、何か考えてよ、賞品はハワイ旅行だって」

智ちゃんはこの手の懸賞応募が趣味だった。

今までに当てた賞品は数知れない。ウォシュレットから永谷園のお茶漬けセットまでいろいろあった。

「ズームイン朝」というテレビ番組で、朝、アナウンサーの辛坊さんが「フィリピン土産のデコイ（木製の鳥）を抽選で一名さまにプレゼント」と言っていたのに応募して当たり、数日後にはテレビで見たその賞品が送られてきたときには、本当に驚いた。

映画の試写会の券は何回当たって見に行ったか、数知れないほどだ。最近では『ALWAYS・三丁目の夕日』『夢駆ける馬・ドリーマー』が当たった。

さて、話は最初にもどるが、智ちゃんにジンベエザメの名前を聞かれた私はこう答えた。

「海遊館の名物なんだから、〝海くんと遊ちゃん〟でどうだろう?」

それきり私はそのことを忘れていた。ところが智ちゃんはさすが、ちゃんと葉書を出して応募していたのである。

数カ月してからドサッと大き目の郵便物が海遊館から届いた。

「あなたの応募された名前が採用されました。ついては命名式に参加してくださ い」

海遊館のテレホンカードや入場券、Tシャツなどが一緒に同封されていた。

「ハワイ旅行はどうなった？」

実は〝海くん、遊ちゃん〟という名前を考え応募した人は、私一人ではなかった。

仕事の都合で命名式に出席できなかった私の代わりに出席した智ちゃんは、そこでハワイ旅行をかけてジャンケンをしたそうだ。ジャンケンに負けてハワイ旅行を逃した智ちゃんは本当に残念そうだった。

そういう訳で「海遊館のジンベエザメの名付け親は私です」と、いまだに皆に自慢している。

そうなんだよ!!

初めての管理職

郵便局の管理者には二とおりの道がある。

一つは現場のたたき上げという一般的なもの。実際の郵便局の職場で、一般職から始めて総務主任、課長代理、課長（管理者）と役職の段階を経て、管理者になるもの。

そしてもう一つが私のように、一般職から突然試験を受け、郵政局で一定期間勤務して突然課長（管理者）として現場（郵便局）に帰るもの。

郵便局は郵便、貯金、保険の三つの仕事があるが、後者の場合はそれまで郵便の仕事をしていたのに保険課長ということもあり得る。

そして私は現場での経験は郵便しかなかったが、貯金と保険の課長になった。赴任したら即実践である。

平成五年七月、私はかつらぎ郵便局の貯金保険課長になった。かつらぎ郵便局の保険の成績は最悪だった。近畿で一九八局あった普通郵便局で一九七番目の成績だった。

和歌山県の郵便局保険課長だけで集まって会議をする保険関係課長会議では、赴任した月の七月の会議から、この成績についてどう改善策を展開していくのか、県内全郵便局保険課長を統括する和歌山中央郵便局保険課長に徹底して問い詰められた。月一回のこの会議はつらかった。

郵便局は国民の税金で運営してはいない。郵便や貯金や保険の収益で、職員の給与や設備等をまかなっていく独立採算制という会計制度なのだ。当然利益を上げなければ事業の維持もできない。

郵便局員は公務員である。その日を無事に過ごせれば良い、という職員が多かった。真剣に努力している職員もいるが数は少ない。販売強化施策も空回りした。

最初は私も親戚回りをした。親戚のおばさんやおじさんに簡易保険に加入してもらうのだ。親戚を一回りすると、今度は職員とお客様宅を回った。しかし、こういう状況で個人の家一軒一軒を回り保険の営業をしていては、とてもかつらぎ局の経営を立て直せない、そう感じた。

会社契約を一点に絞ってやろう。そう決心した。

会社契約獲得のための研修ビデオ（実際の営業場面に即したロールプレイングビデオ）があった。

これを何回も見た。そしてそのせりふを全部ワープロで書き出した。次にこのビデオのせりふをすべて丸暗記し、自分でロールプレイングを何度もした。

次に帝国データバンクのデータで、かつらぎ町にある利益を上げている会社をピックアップして、毎日訪問を始めた。

職員の福利厚生として、会社が保険料を出して職員に保険をかける。職員に万が一のことがあれば保険金は職員の遺族に支払われ、何事もなければ会社のお金として積み立てられる。その際、積み立てられた保険料の二分の一は損金扱いで税金がかからない、というより先送りされる。会社の利益が上がらなかった年度に取り崩すなどすることで、税金を節約するのだ。そんな話をして回った。

それまで一度も営業の経験はなかった。いきなりの会社訪問である。会社の入り口で声をかけるときは勇気が必要だった。挨拶し自己紹介し用件を述べ、会社の中に入れてもらえたときは、なれない話をしなければならないと緊張でドキドキした。逆に入り口で断られたときの方が「ホッ」とするという、情けない状況だった。ロープレで練習はしておいたものの、話が筋書きどおりに進まないとそこから言葉が出なくなった。応用が利かない状況だったのだ。

しかし、何社も訪問するうちに、自然に話ができるようになり、同行した職員に、話がうまくなりましたねと、ほめられたときには正直うれしかった。

さて、かつらぎ町には大きな企業があった。T食品株式会社である。ポテトチ

嘉平・管理職時代

ップスを揚げる油、マヨネーズを作る油を製造している。この油は〝こめ油〟というもので健康にも良くすばらしい製品である。

従業員は関連会社三社で四〇〇人を超えていた。ここで会社での保険契約が取れれば、目標の小さなかつらぎ郵便局は成績を大きく伸ばせる。私は社長に話をしようと出かけたが、もちろん簡単には会ってはもらえなかった。

そんなとき、特定郵便局との会議の席で、区内の特定郵便局の局長とT食品の社長は慶応義塾大学の同窓生で交流があることがわかった。この特定郵便局長に頼んで、この局長と一緒に社長に面会し、話をして四〇〇人分の契約をいただいた。

問題点、解決策については常に強く思い続けること、周りを見て目を凝らしていればそこに糸口やひらめきがふと通り過ぎる。それを逃さずに捕まえるのだ。今回のように、誰かのたったひとことが糸口になることもある。

一躍かつらぎ郵便局は和歌山県でもトップクラスの局になった。近畿管内でも八十番台まで成績を伸ばした。同じ方法で町役場や病院などからも契約をいただいた。好転すると何もかもが良い方向に動き出した。営業力のある外務の課長代理が新たに転勤して来たこともあってついにかつらぎ郵便局は近畿で三番目の局になった。もちろん和歌山県ではトップである。

「一生懸命本気で力を尽くせば結果は出る。かつらぎ郵便局の保険課長を見習え！」

和歌山県の保険関係課長会議では冒頭に幹事局の和歌山中央郵便局保険課長が、必ずそう言うようになった。

ちょうどそのとき、一つの局での任期の二年間になろうとしていた。郵便局の管理者の任期はその当時は二年間だった。

次に私は王寺郵便局に転勤になった。かつらぎ郵便局長は新しい局に出向くことに不安がいっぱいの私に、

「近畿で三番目の優秀な局から行くんだ。胸を張って行け」

と言ってくれた。

田村石油

かつらぎ町は、私が初めて管理者として赴任した町だ。そこでのもう一つの思い出を書いておこう。

赴任したばかりで、成績が上がらず悩んでいた頃のこと。その日の仕事を終え、単身赴任していた私が行きつけの食堂で夕食をとっていたときのことである。

食堂の壁に掛けてあったカレンダーが目にとまった。そのカレンダーは私の好きな画家のキャロル・コレットの絵が十二カ月分で十二枚使われていた。私はそのカレンダーがほしくなった。そのカレンダーには〝田村石油〟というガソリンスタンドの会社名が書いてあった。

田村石油

そのガソリンスタンドは通勤途中にあった。

食事を早々に終えて、田村石油へ行った。乗っていた車にガソリンを入れながら、カレンダーの配布時期はとうに過ぎていたが、店員にカレンダーが残っていないか、残っていれば一つほしい、そのカレンダーに使われた絵の作家のファンであることを告げた。店員はとても礼儀正しかったがカレンダーがなかったので、すぐに店長にその旨を伝えにいった。その場でカレンダーはもうなくなりましたとは言わなかった。

店長はすぐに出てきて、「配布の時期がだいぶ過ぎていて店にはカレンダーがありません。家の倉庫にあるかもしれませんので少しお待ちください」、そう言ってガソリンスタンドの道路を挟んで向かいにある自宅まで飛んでいった。

五分以上探してくれたと思う。戻ってきて「申し訳ありません。見つかりませんでした」と言った。

申し訳ないのは私の方だった。日ごろ私は田村石油ではガソリンを入れていない。家からは少し遠いが少し安いので、別のガソリンスタンドで入れていたのだ。それをカレンダーがほしいために、まだたくさん残っているのにガソリンをわずかばかり入れて、カレンダーをほしいと言ってしまった。

私は恐縮してその場を離れた。

それから二カ月が過ぎて、カレンダーのことはきれいさっぱりに忘れていた。ある朝、通勤の途中で、田村石油の横に信号待ちをしたときである。助手席の窓ガラスをトントンとたたく音に気がついた。窓を開けると、田村石油の店長がカレンダーを持って立っていた。

「カレンダー見つかりましたのでどうぞ」

澄んだ笑顔だった。

私は感激と感動を味わった。たった一度のお客様のために、この店はここまでやってくれるのだ。以後かつらぎ町を離れるまで、このガソリンスタンドでガソリンを入れた。そして私は郵便局でのお客さま応対は、この出来事をいつも心に思い描いて実践している。

　後に、郵政研修所で私は教官として教壇に立つことになるが、接遇の授業では必ずこの話をした。偶然であるが、この店でアルバイトをした学生が後に郵政の職員となり、研修所で私の授業を受け、「えーっ、私はそこでアルバイトをしていましたよ」と叫び声を上げたことがある。その職員に話を聞くと、田村石油は研修が大変厳しいところだそうだ。

　仕事は人を育てる。そしてそんな職場がこれからの厳しい競争社会を生き残れるのだ。また職員にとっても働き甲斐のある職場になる。そう思う。

巡回ラジオ体操

多くの人が夏休みの早朝にラジオ体操カードを持って学校の運動場へ出かけた思い出があると思う。

「お早うございます。今日は奈良県の王寺町から放送しています……」

という具合に夏休みの間、巡回ラジオ体操は日本全国、あちこちから放送している。

実はこの巡回ラジオ体操は、その地域の郵便局の保険課長が中心になって準備、実施するということを知っている人は少ない。

もともとラジオ体操は、国民の健康の保持・増進を目的として、昭和三年に逓信省（のちの郵政省、現在の日本郵政公社）簡易保険局が制定し始まったものだ。

平成七年、私はかつらぎ郵便局貯金保険課長から王寺郵便局の保険課長として赴任した。

その年、巡回ラジオ体操が王寺町で開催されることになっており、前任の保険課長からその仕事を引き継いだ。

ＮＨＫや王寺町役場との打ち合わせ、特定郵便局長との会議と近畿郵政局（現在の日本郵政公社近畿支社）からの指示を受けて、準備に走り回った。

夏休み巡回ラジオ体操は、ラジオではテーマ曲にはじまり、インストラクターの挨拶、町の紹介、準備運動、ラジオ体操第一という順序で進めるが、実は放送開始前に町長、郵便局長、ラジオ体操協会の会長挨拶がある。

このラジオ体操協会の会長は、地元、王寺町のとある酒造会社の社長だった。

巡回ラジオ体操を実施するにあたり、私はこの会長の許を、挨拶や打ち合わせに数回訪問していた。

ところで、巡回ラジオ体操を実施する前日に関係者が一同に集まり、懇親会を行う。この準備も、もちろん私が担当した。

懇親会は橿原ロイヤルホテルで始まった。司会は奈良中央郵便局長である。NHK、王寺町長、近畿郵政局と挨拶が進み、ラジオ体操協会の会長の乾杯の音頭になった。

問題はそこで起こった。

ラジオ体操協会の会長が「敵の酒は飲めん」と大声を上げたのである。私は一瞬、何が起こったか現状把握ができなかった。

懇親会のプログラムは乾杯の場面でストップした。私以上に集まった面々は驚いたと思う。

私はすぐに自分の失敗に気がついた。ラジオ体操協会の会長である酒造会社の社長は、自社以外のお酒は飲めない、乾杯はできないと怒ったのである。ラジオ体操の準備や本来の保険課長の業務、懇親会、忙しさに忙殺されてそこまで気がつかなかった自分を反省した。

すぐさまホテルのフロントに走った。タウンページをめくった。ホテルの従業員も手伝ってくれた。近所のお酒の店に片っ端から電話をかけた。六軒目の電話でやっとその酒造会社の銘酒を置いてある店があった。すぐにホテルに持ってきてもらった。三十分間懇親会は中断した。冷や汗をかいた一日だった。次の日、巡回ラジオ体操は、私の心配をよそに、会長も挨拶をしてくれ、無事終了した。

私は心遣いを学んだ。乾杯の場面がある。乾杯はお酒でする。乾杯の音頭をとる会長はお酒の会社の社長。お酒は当然、その社長の会社が作ったお酒。それが心遣い、当然のことだと思った。

良い経験だった。

王寺郵便局での仕事は一年間だった。次に私は研修所の教官（先生）を命じられた。

研修所教官

平成八年七月、私は近畿郵政研修所の教官（先生）を命じられ着任した。

近畿郵政研修所は、近畿管内で採用された郵便局に勤務する職員の訓練教育機関である。初めて郵便局職員として採用された職員の訓練から、総務主任や課長代理などの役職についた職員の訓練、情報系端末機の使い方や接遇マナー、制度改正、営業など、ほとんどすべての訓練がここで行われる。

私は新規採用の職員訓練と新任総務主任の役職訓練、そして簡易保険の科目の訓練を担当することになった。

東京の国立市にある郵政大学校で、教官としての訓練は受けたものの自信はなかった。

果たして授業が始まったが研修生を退屈させてしまった。授業時間の五十分がひどく長く感じられた。最初に教壇に立った緊張の日と、授業終了後の挫折感を今でも鮮明に覚えている。

このままでは話も聞いてもらえない。クラス全員が興味を持って話を聞いてくれるようにするにはどうしたらよいのか。

そこで思いついたのが、学生時代の亀の話である。

私は試みに、高校時代の亀のいたずらの話をしてみた。効果は絶大、教室は笑いの渦だった。そのまま授業に移った。皆授業もよく聞いてくれた。試験もほかのクラスよりもよい点数だった。

この方法に味をしめた私は、授業の初めの五分間程度は皆の笑いを誘う話をしてそれから自然に授業に入る、自分の授業のパターンを作った。亀の話から検便、祖父の幽霊の話、中等部訓練、転用試験の話など。

私には「亀先生」というニックネームがついた。「うんこ先生」でなくて良かった。

研修生は授業よりもこの話を特に印象強く覚えていた。後のことになるが、中等部訓練や転用試験の話を聞いて、私の訓練生は中等部訓練や郵政局、郵政省に勤務するようになった職員が多く出た。

この時に、研修生から「先生の話は面白いですよ。本を書いたらどうですか。きっと売れますよ」とよく言われた。これがきっかけでこの下手な文章を今綴っている次第である。

研修所の教官をしていて気づいたことは、結局自分というものをすべて見せること。裸になること。問題点について考えること。一生懸命であること。自分の実践から話をすること。そうすれば必ず相手に伝わるということだった。

授業が楽しくなった。あっという間に授業が終わるようになった。二年間が瞬く間に過ぎた。三十五年間の仕事の中で、一番楽しかった二年間は終わった。

部内犯罪

平成十二年七月、私はある郵便局の貯金保険課長を命じられた。I南郵便局はI郵便局との統合を翌年の二月に控えて、その準備にかかろうとしていた。新しい局舎はS線I駅すぐ横に建設中だった。

着任後通常の業務・営業の仕事とは別に統合の集金区の調整や物品の搬送、事務室等のレイアウト、人員の配置等の仕事に追われた。そして二月、二つの局が一つになって、私は統合されたI郵便局の保険課長になった。

さて、郵便局では部内の犯罪防止のために、いろいろな検査監査が行われている。外務員のつり銭検査もその一つである。外務員に交付しているつり銭を月に一回検査する。営業専務者は三万円、営業と集金の兼務者は五万円が渡されているが、これを業務終了後に確認するのだ。二月に統合があってすぐのことだった。

「今月、つり銭検査はどうしましょうか。統合のため、一度全部引き上げて新たに交付したばかりですが」

「最初が肝心、大丈夫と思うがやっておこう」

しかし、大丈夫ではなかった。某職員のつり銭が二万円不足していた。すでに業務を終えて職員はすべて帰っていたが、電話で呼び出した。その職員は局へ来てすぐ顔を見るなり自分の財布から二万円を出した。

「何を馬鹿な事をしているんだ。そんなことで済む話ではないだろう」

大きな声を出してしまった。

郵政部内には独自の監査機関がある。監察局（現監査室）だ。連絡すると、すぐに監察官が三人やってきた。その日は遅くまで取り調べが続いたが、お客様とのつり銭の授受の事故だろうということで、ひとまず職員は家に帰った。次の日に監察局の方へ直接出頭するよう指示されていた。

次の日、某職員は監察局へは出頭せず失踪した。その日、某職員の代わりに集金に行った先で職員がすでに集金済みの保険の入金が行われていないことを発見した。某職員の保険料横領が明らかになった。

その夜遅く、JRの某駅から某職員が監察局へ電話を掛けてきて、拘束された。皆、某職員の無事にほっとした。

保険料横領は統合の一カ月前からであり、早期発見で横領金額はわずかだった。もちろんどんなに小さな額でも犯罪は許されるものではない。郵便局の信用失墜だけではなく、犯罪を犯した本人は、その後の人生において大変な十字架を背負うことになるのだ。

某職員は統合相手局の職員だったので、まだ十分把握できていなかった。しかし自分の部下から犯罪者を出してしまった、という思いで一人泣いた。情けなかった。

原因は遊興費ほしさのため、サラ金から借金をし、その返済金だった。迷惑をおかけしたお客様宅へお詫びと事情説明に行った。また涙が出た。それから、某職員の取り扱った契約八〇〇件弱についてはすべてお客様宅を訪問し、間違いがないか確認した。土日も休まず回り、三カ月かかった。だが二件犯罪があっただけで、不幸中の幸いと胸をなでおろした。

人はなぜ犯罪を犯すのか。

まだ、小学校に入る前のこと。私は盗みをしたことがある。父の財布から勝手に一〇〇円札を抜き取り、シャボン玉セットを買った。シャボン玉は自分でも作れたが、そのシャボン玉液は特別な液体だった。シャボン玉を吹くストローの先には複雑な形の針金が取り付けてあって、吹くと一度にたくさんのシャボン玉が勢いよく飛んだ。

最初に飛ばしたたくさんのシャボン玉を思わず追いかけて、左手にもっていた買ったばかりのシャボン玉液を全部こぼしてしまった。その時、悪いことをした罪の意識と、後悔が心の中いっぱいになってひどく悲しくなった。

盗みを働いてまでの遊びに楽しいことなど少しもなかった。

両親に見つかって、厳しくしかられた。その罰として私は、左手の親指と人差し指の間に灸をすえられた。

今でもそのときの手の痛みと、涙でかすんだ父母の哀しい顔を覚えている。そして、そのときの火傷の跡は、今でも親指と人差し指の間にはっきりと残っている。私の生きる姿勢の戒めになっている。

犯罪を犯すことで失うものはあまりにも大きい。事業の信頼も当然そうであるが、私は犯罪者のその後の生活がもっとも気になっている。二カ月弱という短い間であったが、私の部下であった人である。責任は私にもある。

しっかりと立ち直るよう祈っている。

二つの事件

平成十五年七月、私はT郵便局の保険課長に任命され着任した。前任の課長が非常に厳しい人であり、朝礼から元気良く、職員がぴりぴりしているのが分かった。保険の成績が悪いと、その職員は終礼で長時間怒声を浴びせられ、真っ青になったということだった。

成績は管内でも七十番台だったと思う。

前任のI郵便局では私は厳しくはしなかったが、T郵便局と遜色はなかった。前回の話で書いたが統合早々に犯罪があり、その対応で職員と心を一つにできたと思う。結果的にそれが良かった。成績は統合前のI南、I郵便局両局よりかなり良くなった。

さて、T郵便局では二つの事件があった。

着任早々のことである。毎日保険の成績（新契約）は上がっているものの、消滅（撤回や解約等）もかなり多いことに気がついた。撤回簿を改めて詳しく調べると、きちんと経理していないことがわかった。

保険の目標は郵便局ごとに保険契約の第一回目の保険料額で決められている。年度は四月から始まり次の年の三月までである。年間の目標額の何パーセントを達成しているかで、毎日日報が近畿の普通局一九八局の順位となって送られてくるのだ。一日〇・四三パーセントを獲得しないと年間一〇〇パーセントは達成できない。

実際に撤回などになった成績を約九パーセントマイナス経理していなかった。私は正直に郵政局に報告し、成績の順位は一二〇〜一三〇番台に落ちた。とたんに毎日の成績も上がらなくなった。

成績を上げるために、強引な営業がなされてきていたのだ。

着任から数カ月過ぎていた。郵政局からはなぜ着任時に気がつかなかったのか、しかられた。確認事項は山ほどあり、また監査簿にはうそが書かれていて発見するのは難しかった。さらに、退職した前任の課長に会って話を聞き、聞き取りを送るように指示された。退職した前任の課長に会って話を聞いたが、「わしは知らなかった。わしの功績を汚された」と、逆に食ってかかってくる有り様だった。間違いを犯した人のほとんどが最近は開き直るように思う。「逆切れ」という言葉さえある。反省しない人は許せないと思う。保険の仕事をしていて分からないはずは絶対にない。しかし彼はもう退職していた。どんな処分もできなかった。

彼の罪は、もちろん彼だけの罪ではないが、これだけではなかった。もっと大きな罪が明らかになった。この事件は新聞にも載り、テレビのニュースにもなった。

郵便局の保険については「乗り換え監査簿」というものがある。新契約をいただいたときには、その数カ月前後を調査して同じ契約者の契約であれば、それが乗り換え（成績を上げるために解約させ新たに契約させる）かどうか検査するために、そのリストを事務センターが郵便局に送付してくる。それを郵便局の課長は監査する。

この監査簿を見ているうちに、私はあることに気がついた。三カ月ごとに同じお客様が複数の契約を解約して、また複数の契約をしているのだ。当然短期の解約はお客様に大きな損を与える。念のために数年前まで調べて一覧表を作った。このお客様は三年間で数百万円ほど損をしていた。同じようなお客様が少なくとも三人いた。すぐに申し込みを受理した職員を呼んで事情を聞いた。お客様の事情による、とのことだった。

納得できなかった私は事情を聞きにお客様宅を訪ねた。お客様は八十歳を超えたマンションを経営する一人暮らしの女性だった。

「郵便局の人を信用して、なんでも言うとおりにしていますよ。親切で良い人ですね」ということだった。短期で解約させられて、また新たに保険の契約を結び、そのたびに損を繰り返しているとは、まったく気付いていなかった。契約を繰り返すために、お客様の子供や親戚の名前が無断で使われたり、その名前の文字の一部を変えて作った架空の名前が使われたりしていた。

ほかの二人のお客様は造園業を営むお年寄り夫婦と、同じくマンションを経営するお年寄りだった。

郵便局を信頼しているお年寄りが被害にあったことが悲しかったし、絶対に許せなかった。

私はすぐに詳しいデータを作り、郵政局保険部へ報告した。しかし驚いたことに、すぐには対応してくれなかったのである。二つの係が自分の係の担当ではないと、対応を保留した。

局長に相談し、局長と一緒に近畿支社保険事業部へ乗り込んだ。管理課長や業務課長と話をして郵便局と郵政局の窓口を決めた。そこから調査と対策が取られ始めた。郵政監査室からも監査職が何人も来て、当該保険の受理者三人について詳しい取り調べが始まった。彼らは、「こんなことをしているのは自分達だけではない」と同僚二人の名前を上げた。

最初の三人の職員の契約は、成績がほしいために、早期の解約を繰り返しており、お客様に大きな損をさせていた。しかし彼らが「ほかにも」と上げた二人については、架空名義等はあったものの早期の解約等はなく、お客様に損はなく逆に得をさせていた。少しほっとしたが、架空名義等の不正契約はこの時点で数百件に及んだ。T郵便局が保有するほとんどすべての保険契約について調査をした。

新聞報道がなされた時点で、不正契約は四二一件が見つかっていた。すでに退職した職員や異動で他局へ行った職員も含め、十七人の職員がかかわっていた。お客様の数は十一世帯、十九人に及んだ。不正契約は平成五年から始まっていた。

営業成績の確保のために、この十年間、皆が見て見ぬふりをしてきたのだ。

この事件は郵政公社近畿支社が報道発表し平成十五年七月三十日、新聞やテレビのニュースで流れた。架空名義で不当に契約を集めたことが焦点になっていた。だが、それよりも郵便局を信頼し、疑うことを知らないお年寄りに早期の解約と再契約をさせ、多額の損害を与えていることが許しがたい大きな問題だと思った。

簡易保険事務センターは、一度払い込んだ保険料の全額返還など簡単には応じてくれなかったが、私は本件のお客様全員に一人ひとり事情聴取し、この保険契約が無効である旨の文書を一件一件作り、事務手続きの上、すべて払い込んだ保険料をお返しした。すでに解約した分も損分を計算してお返しした。当然のことである。心からお詫びをする私をお客様は怒るどころか感謝してくれた。涙が出るほど申し訳なかった。信頼を裏切ることはいちばんの罪だとしみじみ思った。

その作業は、その後調査で新たに発覚した不正契約の処理も含めて、平成十六年の七月に次の局へ異動するまで続いた。T郵便局での不正契約はすべて処理できたと思う。

この事件の処分が出た。不正契約の申し込み受理をした職員は一年間の停職処分、その次に重い処分が保険課長であった私の減給三カ月である。監督責任としては私が一番重い処分だった。その次に重い処分が局長、課長代理の一カ月の減給であった。私や局長、課長代理については監督責任ということである。私や局長はこの局で二年や一年である。私は着任から発見まで十カ月かかったかもしれないが、それ以前の十年間も見過ごしてきた罪はどうなるのだろう。不正契約の発見や告発、後始末まで、非番日や日曜日まで返上して一番力を尽くした現場の局長、課長、課長代理がなぜいちばん重い罪なのか。民間企業はトップが責任を取るではないか。

発見し、告発し、改善した現場の職員だけに処分を重くして、それで本当に組織が良くなるのか。

その処分の内容を見て、ほかの局の管理者が不正契約の発見や処理に積極的に動くのか。自らの処分を恐れて、不正契約を隠すのではないのか。

私は局長に相談した。処分については不服審査制度がある。しかし局長にこう言われ断念した。

「不服審査といっても、部内の審査機関だろう。組織の良いようにされてしまう。本気でやるなら弁護士をやとって裁判をするしかない」

確かにそのとおりだった。一般の人間では裁判をするようなお金も力もない。

支社にもなぜ間違いを正した自分が処分されるのか、それ以前の管理者や支社はどうなるのか聞いてみた。

答えは「平成十五年四月からの簡易保険法改正で無面接無同意等の罰則規定ができたが、それまでは罰則規定が無かったから罪は軽いんだ」ということだった。

自分たちが罪を逃げる言い訳にしか聞こえなかった。年間一億円もの保険料額目標をT郵便局に押し付けて、達成に向けて追い込みをした結果ではなかったのか。お客様を騙した職員が悪いことには間違いがない。しかし、重い処分を受けた職員はその犠牲者でもあるのだ。

これで組織が本当に良くなるのか。

課長会議に出席すれば、なぜこの事件を公にしたのか同僚の課長に糾弾される有り様だった。

公社も民営化が近い。改善されることを期待しているし、当然改善されると考えている。

この事件では、人生において自分は力不足で、どうしようもできないことがあり、また無力なことを十分感じた。

自分が正しいと思うことに誠心誠意力を尽くしても、認められるどころか罰を受けることもあるのだ。しかし自分の行動は正しかったと誇りに思っている。この頃から世間がコンプライアンスを重要視するようになった。

気がつけば高校を卒業し、すぐに郵便局に勤めすでに三十二年、五十歳になっていた。

続　幸福論

人生を知るには恋をするか、病気をするか、貧乏するかの三つがあると何かの本で読んだことがある。私の若かりし頃の幸福論は五十代で一変した。

平成十六年五月、私は簡易保険の不正契約の後始末をやっていた。毎日毎日、お客様宅を訪問し不正契約について、契約時の状況を詳しく聞き、聞き取りを作り、支社に報告書を書き、職員に事情聴取をし、簡易保険事務センターに無効・取り消しの文書を出し、お客様に保険料の還付をしてまた支社へ報告書を送付、支社に呼び出され指導を受ける。そんなことの繰り返しである。ほとんどが自分の管理者時代の不正契約ではないのに、呼び出されて指導を受ける。

総務省へ不正契約の発見と処理及び郵便局指導の報告を支社がするためである。

私はこのT郵便局の不正契約の関係で十六年三月、減給処分を受けていた。当該局の管理者として処分は当然だと思う。しかし、平成五年からの不正契約を平成十五年に着任し、発見した。いや発見は、前任のまたそのまた前任の課長も、おそらく職員も発見していたのだ。いうなら告発した私だけが重い処分を受けるのが、どうしても心の中で納得できなかった。

心の中の矛盾と戦いながら苦しい仕事を続けていた。郵便局では職員からも告発者として白い目で見られていたし、支社も冷たかった。毎日悩んで眠れず、医者でもらった睡眠薬やうつ病の薬を飲んで、酒も飲めない私は薬の上にさらに養命酒を少し飲んで眠った。それでも真夜中に寝汗をびっしょりかき、何回も目覚めてはシャツを着替えた。そんなときだった。

その日は体が熱っぽかった。布団から出るのが辛かった。心と体に鞭打ってトイレに行った。トイレを済ませて何気なく便器を覗き込んで驚いた。便器が真っ赤だったのだ。血のうんこをした。気が遠くなった。勇気がなくて妻には言えなかった。

もう長くは生きられないかもしれない。真剣にそう思った。目の前が真っ暗になり、ふらふらとトイレを出た。

まさにそのときである。トイレのドアを閉じたとき、私は別の世界に入ったように新鮮な発見があったのだ。まず、ご飯の匂いが鼻に届いた。お米を炊く匂いが、とても美味しそうだった。初めてそう感じた。それからは何もかもが新しい発見だった。妻の顔がいつにも増してとても可愛らしく愛おしく思えた。朝食の鯵の開きが、涙が出るほど美味しかった。出勤しようと家のドアを開けると、外の光が、空の青さが眩しく輝いていた。街路樹の新緑が目に鮮やかだった。道端に咲いているポピーやタンポポを見て、思わず「美しい」と声が出たほど感動した。

今まで自分の身近なこんな世界を、じっくり気をつけて見たことがなかったことに気がついた。

もう長くは生きられないかもしれない。そう思ったときに初めてこの生の世界のすばらしさに気がついた。生きていることは、ただそれだけですばらしいことなのだ。なぜなら、すばらしい世界に生きているではないか、生きている、それだけで十分幸せなのだ。生かされていることに感謝の気持ちも生まれた。

人は何らかのきっかけで人生観、世界観が大きく変わることがある。

病院へは怖くて行けず、薬局で座薬を買い血便は一週間で治ったが、この思いは強く残った。これからの自分の生き方を変えてみようと決心した。

再出発

平成十六年七月にH郵便局保険課長勤務を命じられ着任して以来一年八カ月が過ぎ、平成十八年の三月で勤続三十五年目に入っていた。

平成十八年二月末に隣局のS郵便局保険課と統合になり、その仕事を終えたばかりだった。

小さい頃から目標を持って、自分の職業を決めて、それに向かって努力してくる人は少数だと思うし、また努力してもなれない人も多いと思う。

私も中学校、高等学校と、ほとんど勉強はせず遊んでばかりいて、自分の職業についても考えてこなかった。高校三年生になって初めて真剣に考えた。初級公務員という試験を、そのときの思いつきで受けて郵便局へと勤務した。

いろいろな出会いのおかげで、自分なりに精一杯やってきて、おかげさまでとても充実した幸せな半生を過ごせたと思う。

振り返ってみると四十歳で管理職になってから、年休（有給）もほとんどとらなかった。朝は七時過ぎには出勤し、夜は八時頃までは仕事をし、毎日十二時間以上勤務した。苦情申告や犯罪があれば夜も昼もなかった。週休二日といっても土曜日はほとんど休まず、日曜日も時々出勤していた。それが誇らしかったし、管理者として当然のことと思っていた。

しかし、T郵便局に続いて、H郵便局でも不正契約の後始末に時間をとられていた。帯状ヘルペスやうつ病を患うなど、心と体の健康が壊れ始めていた。

そしてこの二月末に、S郵便局保険課との統合があり、H郵便局の保険課は窓口を残してS郵便局保険課へ統合され、H郵便局保険課はなくなっていた。私はH郵便局勤務になり次の異動を待っていた。

また郵政公社は業務効率化による勧奨退職を募集していた。

ここで私が仕事を辞めてもどこにも迷惑はかからない。むしろ郵政公社はその方を望んでいるかもしれない。

この仕事も自分より若く能力がある人がやればよい。

郵政への私の恩返しは、不正契約の処理で、これは私が問題提起して全国的なものになったことで、できたと思った。

また二月末、H郵便局保険課がS郵便局に統合されたときの、H郵便局の保険営業成績は一八六局中四二番で上位だった。今が辞め時だろう。

何よりも私は、国家公務員としての仕事に誇りを持って勤めてきたのだ。

五十二歳になっていた。残りの人生で新たな人生の目的を見つけるために、今やりたいことを全力でやってみよう。そう思った。この歳ならまだ一からやれる。

人生の目的の一つは達成された。次の目的を探そう。

大きな規模の郵便局の保険課長である。友達や同僚は反対した。ここまで一生懸命やってきてこの地位が掴めたのになぜ放棄するのか。

五十過ぎた元公務員をどこが雇ってくれるのか、どうやって食べていくのか、適当にやっていれば良いじゃないか、とまで言われた。

しかし、私の決心は固かった。正直に言えば、保険課長という仕事に関して、お客様に対しても部下職員に対しても私は自信を失っていた。力不足でこれ以上の貢献はできない。郵政も望んではいない。

幸い退職金が少し入る。その資金で今やりたいことを全力でやってみよう。

「三十四年余りも働き続けて来たんだからもうここで休んでも良いよ。後はやりたいことを思いっきりやれば？　夫婦二人だけなんだから食べて行くだけなら何とでもなるよ」

部内犯罪や不正契約事件の処理等で心と体がおかしくなった私を、いや、結婚してからずっと支え続けてくれた妻のこの一言が再出発を決心させてくれた。

やりたいこと。

今までの自分の半生の自伝を書くこと。

大好きな人物画（本の挿絵、人物デッサンは私が描いた）を学ぶこと。

クラシックギターを学ぶこと。

学ぶことは最高に面白い。また自分の能力の向上や新しい世界の発見は至上の幸福であると思う。

この三点を一年間は何もかも忘れて全力でやってみよう。もちろん大好きな読書も時間を気にせずにたくさんやろう。

長崎県の五島列島から大阪へ初めて出てきたときのように、やりたかったことをやってみよう。

そしてまた、そのときのように、人生の目的が見えてきたらまたその方向へ全力を尽くせばよい。私のこれまでの半生は、この本を書くためにあったのかもしれない。出会った人の絵を描くために、クラシックギターを学ぶために、あったのかもしれない。「かへいくん」の物語はここで一度終わり、新たな物語が始まるのだ。後半の自伝をまたいつか書こう。

平成十八年の三月末に退職した。そして四月一日から私は自伝を書き、人物画（デッサン）を描き、それに飽きたらクラシックギターを弾いている。読書も続けている。

エッセイや人物画やギターで第二の人生が充実できるように、夢を追いかけて。

あとがき

自分の半生を振り返ってつくづく思うのは、たくさんの人にお世話になっているということだった。

何の見返りもないのに、毎年年賀状の予約から集金まで、十年余りも助けていただいた智子（妻）の高校時代の先生、早崎公男先生と奥様の豊美さん。この本の題字も早崎先生に書いていただいた。四条畷郵便局時代に仕事を教えてくれたばかりでなく、私生活まで兄のように面倒を見てくれた川本亨さん。五島列島から大阪へ出てきたときにお世話になった大阪の松尾要伯母さん。大阪福島郵便局時代に毎日通った喫茶店「加門」のママ、開俊子さんは、コーヒー一杯で、参考書を持ち込み二時間も三時間も居座って勉強したのに苦情のひとこともなく、転用試験に合格したときにはお祝いにモンブランの万年筆をプレゼントしてくれた。かつらぎ郵便局時代に営業の実践をたたき込んでくれた硲石昭治さん、保険に加入していただいたばかりか、自ら作ったお米や野菜を届けてくれた天野の奥澤甚兵衛さんと奥様。王寺郵便局時代から仕事でも私生活でも何かと力を貸してくれる小山恵章さん。……次々と心に浮かんで書ききれないほどだ。

私はこの人たちに少しでも恩返しができたのだろうか。そう考えるととても恥ずかしくなる。

思い返してみると、この人たちが強く心に残り私に強い影響を与えてくれたのは、いずれも愛があり無償の行為だったからだ。

私も人の心に残る生き方をして行こう。それが唯一恩返しになると思う。

皆さん、本当にありがとうございました。

著者プロフィール
戎本 嘉平（えびすもと かへい）
1953（昭和28）年７月７日生まれ。
長崎県出身、大阪府在住。
1972（昭和47）年３月、長崎県立上五島高等学校卒業後、大阪城東郵便局勤務。以後三ヶ所の郵便局に勤務。
1982（昭和57）年８月、近畿郵政局勤務。以後近畿の郵便局で貯金保険課長、研修所教官、保険課長を務めた後、2006（平成18）年３月末退職。

かへいくん

2007年１月15日　初版第１刷発行
2021年12月25日　初版第２刷発行

著　者　戎本 嘉平
発行者　瓜谷 綱延
発行所　株式会社文芸社
〒160-0022　東京都新宿区新宿1－10－1
電話　03-5369-3060（代表）
03-5369-2299（販売）

印刷所　株式会社平河工業社

© EBISUMOTO Kahei 2007 Printed in Japan
乱丁本・落丁本はお手数ですが小社販売部宛にお送りください。

送料小社負担にてお取り替えいたします。

本書の一部、あるいは全部を無断で複写・複製・転載・放映、データ配信することは、法律で認められた場合を除き、著作権の侵害となります。

ISBN978-4-286-02358-3